Objetos en movimiento

por Kimberly Taylor

¿Qué es el movimiento?

Tipos de movimiento

Los objetos pueden moverse en línea recta. Generalmente, los trenes avanzan en línea recta. Un jugador de béisbol, cuando corre de una base a otra, lo hace en línea recta.

Los objetos también pueden moverse en una trayectoria curva. Cuando un automóvil dobla una esquina, se mueve en trayectoria curva. El movimiento curvo se realiza alrededor de un punto central. Por ejemplo, una rueda de bicicleta realiza un movimiento curvo alrededor de su eje.

Un objeto también puede moverse hacia atrás y hacia adelante. Cuando se puntea una cuerda de guitarra, la cuerda se mueve hacia atrás y hacia adelante. A este movimiento se le llama vibración.

Cuando caminas por la calle, pasas junto a cosas que no se mueven. Sabes que te estás moviendo cuando pasas al lado de un objeto fijo. Cuando te quedas quieto, sabes que los automóviles se está moviendo porque cambian de posición. Puedes comparar cómo los objetos aparentemente cambian su posición. El **movimiento relativo** es el cambio de la posición de un objeto en comparación con la posición de otro objeto.

Desde tu posición en la acera, ves que el autobús cambia de posición mientras se mueve hacia ti.

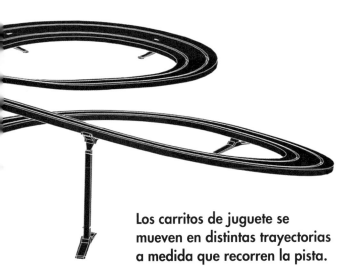

Los carritos de juguete se mueven en distintas trayectorias a medida que recorren la pista.

Cómo sabes que te estás moviendo

¿Cómo sabes que una persona que está en un tobogán acuático se está moviendo? ¿Cómo sabes si el agua se mueve? Puedes observar cómo cambian de posición la persona y el agua. Comparas esos cambios de posición con la posición del tobogán.

Tu **marco de referencia** está determinado por los objetos que parecen estar en movimiento. Este es tu punto de vista. La manera en que percibes el movimiento de un objeto depende de tu marco de referencia.

Imagina que estás en la carroza de un desfile. La carroza avanza por la calle del desfile y tú saludas a las personas que están sentadas mirando. Desde tu marco de referencia, las personas parecen moverse, pero realmente no lo han hecho. A medida que la carroza avanza, las personas que están en la acera te ven pasar. Desde su marco de referencia, tú te estás moviendo.

Imagina que estás sentado en tu escritorio en la escuela. Dirías que no te estás moviendo. Pero si escogieras el Sol como tu marco de referencia, dirías que tanto tú como tu escritorio y tu escuela se están moviendo. Esto ocurre porque te mueves con la Tierra mientras hace su recorrido alrededor del Sol.

Desde tu marco de referencia en el autobús, todo lo que hay en él parece estar quieto y todo lo que hay afuera del autobús parece moverse.

Medir el movimiento

La **rapidez** es la tasa a la cual cambia la posición de un objeto; es decir, indica qué tan rápido se mueve un objeto. La rapidez se mide en unidades de distancia divididas entre unidades de tiempo. La rapidez se puede medir en kilómetros por hora. Si un automóvil se mueve con mucha rapidez y otro se mueve con menos rapidez, ¿qué automóvil cambia de posición más deprisa? El automóvil que se mueve con mucha rapidez. Para hallar la rapidez promedio de un objeto, debes dividir la distancia que recorre el objeto entre el tiempo total que tarda en hacerlo.

La **velocidad** es la rapidez y la dirección en que se mueve un objeto. La dirección se puede describir con palabras como: *este, oeste, sur* y *norte*. Otras palabras que indican dirección son: *hacia abajo, hacia arriba, a la izquierda* y *a la derecha*.

La aceleración es el cambio en la rapidez o la dirección de un objeto. Ir más rápido e ir más despacio son formas de aceleración. Para que el vagón de una montaña rusa acelere en una curva, no tiene que cambiar la rapidez. El vagón acelera porque cambia de dirección a lo largo de la curva.

¿Cómo influye la fuerza en el movimiento de los objetos?

Fuerza

Una **fuerza** es un empujón o un jalón. Una fuerza puede hacer que un objeto que está quieto empiece a moverse. Además, puede hacer que un objeto en movimiento se detenga, cambie de dirección o se mueva más despacio o más rápido.

Algunas veces, una fuerza debe tocar el objeto para influir sobre él. Entonces, es una fuerza de contacto. Por ejemplo, debes golpear una canica con un objeto, como tu dedo, para que se mueva en una superficie nivelada.

Otras fuerzas pueden influir sobre un objeto sin tocarlo. Por ejemplo, un imán puede atraer un trozo de hierro sin que haya ningún contacto.

Empujar o jalar puede cambiar la posición y el movimiento de un objeto. Los imanes fuertes atraen trozos de hierro a distancias más grandes que los imanes débiles. Esto ocurre porque la magnitud del cambio depende de cuán fuerte sea la fuerza.

Una canica en movimiento golpea otra que estaba quieta. La fuerza de contacto que ejerce la canica en movimiento hace que la otra empiece a moverse.

Combinar fuerzas

Todas las fuerzas tienen magnitud y dirección. Fíjate en los perros: están combinando sus fuerzas, pero actúan uno en contra del otro. Están jalando el juguete en direcciones opuestas, aunque lo hacen con la misma fuerza. Por lo tanto, sus fuerzas están en equilibrio, así es que el juguete no se mueve. Pero si uno de los perros jala con más fuerza, las fuerzas dejarán de estar en equilibrio y el juguete se moverá hacia el perro que jale con más fuerza.

Algunas veces, más de una fuerza actúa sobre un objeto. Si tú y un amigo empujan una puerta en direcciones contrarias con la misma fuerza, las fuerzas estarán en equilibrio y la puerta no se moverá. Pero si empujas la puerta y tu amigo empieza a jalarla, ambas fuerzas actúan en la misma dirección. Entonces la puerta se moverá en dirección a tu amigo. La fuerza total sobre un objeto se determina sumando todas las fuerzas.

Fuerza y movimiento

Si dos o más fuerzas que actúan sobre un objeto en direcciones opuestas están en equilibrio, el objeto no se mueve. Un objeto que está quieto no empezará a moverse a menos que cambien las fuerzas que actúan sobre él. La inercia es la resistencia de un objeto a cualquier cambio en su movimiento.

Del mismo modo, un objeto que se mueve sólo cambia su movimiento cuando una fuerza actúa sobre él. Mientras las fuerzas que se apliquen sobre un objeto en movimiento estén equilibradas, el objeto seguirá moviéndose con la misma rapidez y en la misma dirección. Un objeto puede cambiar su rapidez o su dirección si cambian las fuerzas que actúan sobre él.

Cuanto mayor es la masa del objeto, más fuerza se necesita para cambiar su movimiento. Por eso, puedes jalar fácilmente un vagón vacío. Cuando le pones cosas adentro, le agregas masa y debes jalar con más fuerza para moverlo.

Estos caballos usan fuerza para mover el arado.

Fricción

La **fricción** es la fuerza que actúa cuando dos superficies se rozan. Puede evitar que los objetos se muevan. También puede reducir o detener el movimiento de un objeto. La fricción depende del tipo de superficie y del peso de los objetos.

La superficie de este tobogán es muy lisa.

Cuando dos objetos con superficies ásperas se rozan, causan mucha fricción. Cuando dos objetos con superficies lisas se rozan, causan menos fricción.

Es fácil arrastrar una caja llena de plumas. Pero si la misma caja está llena de libros, presiona contra el piso con más fuerza y se hace más difícil arrastrarla.

Se puede reducir la fricción entre dos objetos. Por ejemplo, la cera o el aceite pueden hacer que las superficies queden más lisas. Así necesitas menos fuerza para mover objetos con menos fricción entre ellos.

11

¿Cuál es la relación entre fuerza, masa y energía?

La fuerza de gravedad

Una pelota cae al suelo cuando la sueltas. La fuerza que actúa sobre la pelota para hacerla caer se llama gravedad. La **gravedad** es la fuerza que hace que los objetos se atraigan entre sí. La cantidad de fuerza que hay entre dos objetos depende de sus masas y de la distancia que haya entre ellos.

La fuerza de gravedad es mayor si los objetos están cerca unos de otros. La gravedad es menor cuando los objetos están alejados. A medida de que la masa de los objetos se va reduciendo, también disminuye la fuerza de gravedad que hay entre ellos. Si se duplica la masa de un objeto, también se duplica la fuerza de gravedad entre él y cualquier otro objeto.

La pelota que soltaste cae al suelo porque la masa de la Tierra la atrae. La pelota también atrae a la Tierra, pero la pelota no tiene suficiente masa para mover a la Tierra.

La Luna tiene menos masa que la Tierra. La fuerza de gravedad no es tan fuerte en la Luna.

Medir la fuerza

Puedes medir la fuerza con una pesa de resorte, que tiene un gancho en el extremo inferior. Cuando cuelgas un objeto del gancho, se estira el resorte que hay dentro de la pesa. El peso del objeto determina cuánto se estirará el resorte. El peso es una medida de la fuerza de gravedad que actúa sobre la masa de un objeto. Un objeto pesado es atraído por una fuerza de gravedad mayor. Una fuerza mayor hace que el resorte se estire más.

Un indicador en la pesa se mueve a lo largo de una hilera de números mientras el resorte se estira. Estos números corresponden a la unidad de fuerza llamada newton. El newton se llama así por Sir Isaac Newton, quien explicó cómo se relacionan la fuerza y el movimiento. Se necesita un newton de fuerza para levantar una manzana pequeña.

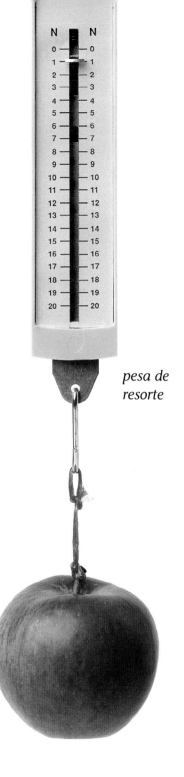

pesa de resorte

Energía y movimiento

La energía es la capacidad de hacer trabajo. El **trabajo** es la capacidad de mover algo, lo que produce un cambio. Todo cambio de movimiento requiere energía.

La **energía cinética** es la energía del movimiento. Por eso, todas las cosas que se mueven la tienen. Mientras más rápido se mueve un objeto, más energía cinética tiene. La cantidad de energía cinética depende de la masa y la rapidez de un objeto.

Energía almacenada

El columpio de la ilustración se detiene un momento cuando llega a la cima de su recorrido. El columpio detenido tiene **energía potencial,** o energía almacenada. La energía potencial se convierte en energía cinética cuando el columpio empieza a moverse otra vez.

Los objetos estirados o comprimidos también tienen energía potencial. Por ejemplo, hay energía potencial en el resorte comprimido de un muñeco de cuerda.

Una bola de demolición acumula mucha energía cinética antes de golpear el edificio.

Tipos de energía que cambian

Dale cuerda a un pajarito de juguete. Cada vuelta de cuerda comprime más el resorte del juguete. Esto agrega más energía almacenada, o energía potencial. Cuando sueltas el juguete, el resorte se desenrolla y el pajarito empieza a saltar hacia adelante. La energía almacenada en el resorte se convierte en energía cinética.

Puedes convertir la energía potencial de una roca en energía cinética. Sólo debes darle un empujoncito para que empiece a rodar pendiente abajo. La cantidad total de energía no cambia nunca. La energía no se puede crear ni destruir.

Glosario

energía cinética   energía del movimiento

energía potencial   energía cinética almacenada

fricción   fuerza que actúa cuando dos superficies se rozan

fuerza   cualquier empujón o jalón

gravedad   fuerza que hace que los objetos se atraigan entre sí

marco de referencia   punto de vista desde el que detectas movimiento

movimiento relativo   cambio de la posición de un objeto en comparación con la posición de otro objeto

rapidez   tasa a la cual un objeto cambia su posición

trabajo   capacidad de mover algo y producir un cambio

velocidad   rapidez y dirección en que se mueve un objeto